十二届全国人大四次会议《政府工作报告》学习辅导

创新引领
为发展注入强大动力

杨书兵　著

中国言实出版社

图书在版编目(CIP)数据

创新引领为发展注入强大动力 / 杨书兵著. —北京：
中国言实出版社，2016.3
ISBN 978-7-5171-1821-3

Ⅰ.①创… Ⅱ.①杨… Ⅲ.①中国经济—经济发展—
研究 Ⅳ.①F124

中国版本图书馆CIP数据核字（2016）第059786号

出 版 人：王昕朋
责任编辑：郭江妮
文字编辑：曹庆臻

出版发行　中国言实出版社
　　　　　地　　址：北京市朝阳区北苑路180号加利大厦5号楼105室
　　　　　邮　　编：100101
　　　　　编辑部：北京市海淀区北太平庄路甲1号
　　　　　邮　　编：100088
　　　　　电　　话：64924853（总编室）64924716（发行部）
　　　　　网　　址：www.zgyscbs.cn
　　　　　E-mail：zgyscbs@263.net
经　　销　新华书店
印　　刷　三河市祥达印刷包装有限公司
版　　次　2016年3月第1版　　2016年3月第1次印刷
规　　格　850毫米×1168毫米　1/32　0.5印张
字　　数　7.7千字
定　　价　3.50元　　ISBN 978-7-5171-1821-3

党的十八届五中全会确立了创新、协调、绿色、开放、共享的发展理念，明确要求让创新贯穿党和国家一切工作。李克强总理在十二届全国人大第四次会议上所作的《政府工作报告》中指出，"创新是引领发展的第一动力，必须摆在国家发展全局的核心位置"，再一次强调了创新的极端重要性，并在今年和"十三五"时期工作中做出具体部署。我们一定要认真学习领会，深入贯彻执行。

一、深刻认识创新发展的极端重要性

创新始终是推动人类社会文明进步的原动力。在新的国内外形势下，创新的地位和作用更加凸显，上升到前所未有的高度。只有紧紧抓住创新这个关键，充分发挥创新引领的巨大作用，我国经济社会才能实现持续健康发展。

（一）创新是国运兴衰的关键所在

创新是一个国家和民族核心竞争力的最重要标志，是强盛之基、进步之魂。数千年来，中华民族的兴衰存亡，始终与创新息息相关。据统计，从6世纪到16世纪，中国的重大科技成果曾占到世界的半数以上。四大发明普惠人类，织造、冶炼、天文、算学、中医、农学等科技也都领先世界。以此为重要基础，中国经济、文化等一直位居世界第一方阵，即使在19世纪初，我国GDP仍占全球的30%以上。近代以来，随着蒸汽机、电力的发明和应用，世界科技革命进入快车道，社会生产力飞速发展，先后成就了英、德、美、日等国的强国地位。但同时期的中国，封建统治者闭关锁国、故步自封，屡次错失富民强国的历史机遇，最终沦为任人宰割的半殖民地半封建社会。新中国成立特别是改革开放以来，随着全方位创新的回归，我们逐步建立了独立完整的科技和工业体系，持续缩短与世界先进科学技术的差距，不断提升综合国力和竞争能力。改革开放本身就是一场史无前例的创新活动。正是改革开放，极大激发了亿万人民的创新创造活力，推动我国经济高速发展，短短30多年，国家面貌和人民生活发生了翻天覆地的改变。历史经验告诉我们，创新强则国运兴，创新弱则国运衰。

（二）创新是国际竞争的大势所趋

近代以来，世界经济中心几度转移，一条清晰的主导线就是创新。大国崛起往往呈现"创新强国——经济强国——军事强国——政治强国"的历史规律。当前，新一轮科技革命和产业变革加速推进，信息、生物、新材料、新能源等技术层出不穷，成为重塑世界经济结构和竞争格局的关键力量。国际金融危机以来，各国都把创新作为引领发展的核心战略，从制度创新做起，重点部署科技创新，大力推动全面创新。美国制定了《国家创新战略》和《先进制造业国家战略计划》，2013年提出在10年内创建45个制造业创新研究所，加速再工业化和制造业回归。德国发布了"高技术战略2020"，并推出"工业4.0"计划。俄罗斯颁布《2013—2020国家科技发展计划》，日本发布了《科技创新综合战略》，韩国制订了《第六次产业技术创新计划》。欧盟加大对各成员国创新资源的整合力度，推出"工业复兴战略"，启动实施"地平线2020"计划。在日新月异的全球创新大潮中，我国创新能力与发达国家的差距虽在不断缩小，但竞争日趋激烈；比新兴经济体虽仍有优势，但也面临被追赶压力。我们必须树立更加强烈的创新意识，采取更大行动，寻求更大突破，努力打造创新发展新优势。

（三）创新是经济发展的必然选择

经过几十年的快速发展，我国经济总量跃居世界第二，但产业层次较低，发展不平衡、不协调、不可持续的问题突出，对创新发展的要求越来越迫切。一是转变经济发展方式，必须依靠创新。长期以来，我国经济发展基本上是粗放式的，主要依靠资源、资本、劳动力等要素投入支撑增长。当前，我国的发展条件已发生重大变化，既没有了当初的低成本要素供给，也超越了资源环境的承受限度。要突破这些重大制约，加快从要素驱动发展为主向创新驱动发展转变，是唯一选择。中国经济的命运前途深系于此，也在此一举。二是跨越中等收入陷阱，必须依靠创新。我国正处在跨越中等收入陷阱的关键时期，各种困难和问题相互交织、易发多发。二战后，许多国家和地区都曾到达这一发展阶段，但只有少数完成了"关键一跳"，从低收入成功迈向高收入，实现了现代化。他们最根本的经验就是，紧紧依靠创新，全面提高劳动生产率，大幅提升资源要素利用效率、提升产品和服务的附加值，努力打造竞争新优势。创新是闯关的核心之举。这对我国来说，同样是不二法门。三是掌握发展主动权，必须依靠创新。改革开放以来，我们大规模引进国外的先进技术和管理经验，通过引进、消化、吸收、再创新，快速提高了产业技术水平和企业管理能力。这无疑是推动经济高速增长的重要手段之一。然而，随着我国经济实力的不断增强，一些发达国家的心态发生了明显变化，不仅戒心增加，甚至滋生出遏制之心。事实上，核心技术是买不来的，正所谓"国之利器，不可以示人"。作为已拥有雄厚物质技术基础的社会主义大国，我们只有依靠更多创新，特别是自主创新、集成创新，努力攻克关键技术、重大技术，才能实现从跟踪发展到引领发展的历史性跨越，真正成为世界强国。

（四）创新是新旧动力转换的内在要求

我国经济发展正处在新旧动力青黄不接时期。能否顺利实现接续转换，很大程度上取决于新要素的培育、新产业的崛起、新模式的创造和新市场的开辟，归根结底取决于创新。近年来，我们加大简政放权和商事制度改革力度，积极推进"大众创业、万众创新"，创新发展的支撑和引领作用日益凸显。全社会创新创业热情持续高涨，2015 年新登记注册企业 430 多万户，同比增长21.6%，平均每天新增 1.2 万户。新技术、新产业、新业态、新商业模式层出不穷，2013—2015 年网上零售额年均增长超过 40%，快递业务量年均增长超过 50%。2015 年，全员劳动生产率为 8.7 万元 / 人，比 2012 年提高 22% 以上，年均提高近 7%。新动能的加快成长，既对稳增长、促就业发挥了重要作用，也对改造提升传统动能创造了重要条件。只有大力创新、依靠创新，一方面加快发展新经济，一方面加快改造"旧产业"，我国经济才能平稳度过三期叠加的困难时期，在保持"中高速"中迈向"中高端"水平。

二、充分发挥科技创新的关键作用

全面创新是涉及生产力、生产关系的全要素、全系统、全方位变革，包括理论创新、体制创新、制度创新、科技创新等。其中，科技创新对生产力发展具有决定性影响，是推动经济社会发展的基础和关键力量。

（一）科技创新承担重大使命

尊重和强调科技创新对社会文明进步的强大推动作用，是历史唯物主义的基本观点。正是由于科技的创新发展，社会生产力才能不断提高，人类社会才能从蒙昧走向文明、从贫穷走向富裕。改革开放初期，邓小平同志提出了"科学技术是第一生产力"的重要论断，把科学技术放在了国家发展的突出位置，成为推动我国经济高速增长的重要力量。当前，科技创新在国家发展全局中的地位更加凸显。实现到2020年全面建成小康社会的伟大目标，说到底是发展问题。而要实现经济持续健康发展，就必须大力实施创新驱动发展战略，牢牢牵住科技创新这个"牛鼻子"，走好科技创新这步先手棋、关键棋。

"十二五"以来，我国科技创新能力大幅提升，科技成果转化能力不断增强，在电子信息、能源环境、先进制造、生物医药等领域培育了一批战略性新兴产业增长点。天河二号荣获世界超级计算机"六连冠"，在生物医药、工程仿真、智慧城市等领域广泛应用。北斗导航系统日益完善，广泛应用于测绘、城建、水利、交通、旅游和应急救灾等领域。我国主导的 TD－LTE 技术成为两大 4G 国际标准之一，完整产业链基本形成，4G 用户达到 2.7 亿。我们自主研发的新一代高速铁路技术世界领先，高铁总里程超过 1.9 万公里，占世界 60% 以上，并开始走出国门、走向世界。核电、数控机床等高端装备研发取得重大进展，提升了产业水平。全面掌握特高压输变电技术，推动电力行业布局优化发展。2015 年新能源汽车销量超过 30 万辆，居世界第一；风能发电、光伏发电装机容量也均居世界第一。半导体照明技术加快应用推广，2015 年半导体照明产业整体规模预计达 4245 亿元人民币，比上年增长 21%。"十二五"以来，农业科技进步贡献率达到 56% 以上，有力支撑了粮食生产"十二连增"。电力、石化、制药等典型行业全过程污染控制关键技术也取得重大突破，必将为污染治理和绿色发展作出贡献。这些情况表明，科技创新正在成为我国经济发展的重要引擎。

（二）科技创新具备加速发力的良好基础

早在 20 世纪六七十年代，我们就依靠自己的力量，在"一穷二白"的条件下创造了"两弹一星"等科技奇迹，取得人工胰岛素和青蒿素等重大科技成果。改革开放以来，经过持续不懈努力，我国在科技投入、人才力量、设备水平、研发水平等方面逐步接近世界先进水平。一是科技创新物质基础雄厚。我国已建立起比较完整的现代科研体系，是具有重要影响的科技大国。截至2015年，拥有高等学校2845所，国家重点实验室481个，国家工程技术研究中心346个。全国高新技术企业总数达到7.9万家，各类众创空间已超过2300家，科技企业孵化器、加速器2500家，共设立了11个国家自主创新示范区和146个国家高新区。许多研发设备、产业装备、生产工艺达到国际一流水平。二是拥有世界上最大规模的科技队伍。我国有1亿多受过高等教育和具备专业技能的人才，每年仅高校毕业生就有700多万、归国留学生也有30多万。科技人力资源总量超过7100万，研发人员超过535万，其中企业研发人员398万。近年来，我国科学家相继获得拉斯克奖、基础物理学突破奖、世界杰出女科学家奖等一大批国际科技奖项，屠呦呦成为首位获得诺贝尔科学类奖项的中国女科学家。三是具有集中力量办大事的制度优势。我们的社会主义制度，一个重大优势就是能充分调动全社会资源，办大事、快办事、办成事。同时，随着市场在配置资源中决定性作用的逐步加大，既可以使资源配置更加优化，又可以使科技主体更具活力。这两方面的有机结合，如同为科技创新插上两个翅膀。四是主要科技指标跻身世界前列。据有关报告，我国在全球的创新能力排名有望从 2010 年的 21 位上升至 2015 年的第 18 位，科技进步贡献率有望从 50.9% 增加 55.1%。2015 年，中国发明专利申请量突破 100 万件，同比增长 18.7%，连续五年位居世界首位。国际科技论文数连续多年稳居世界第二。过去 5 年，全社会研发支出（R&D）年均增长 20% 以上，增速远超发达国家，2015 年预计达到 1.43 万亿元，其中企业研发支出超过 77%。

"十二五"以来，我国科技创新实现重大突破。量子通信、中微子震荡、高温铁基超导等基础研究取得一批原创性成果，载人航天、探月工程、深海探测等项目达到世界先进水平，第三代核电技术等取得重大进展。总体看，我国科技创新具备了加速发力的重要条件，正在从跟跑者向并行者、部分领域向领跑者大步迈进。这必将为经济社会发展注入强大动力。

三、努力形成创新发展新局面

全面创新是一个系统工程，既要把创新这条主线贯穿到现代化建设的全过程和各环节，又要抓住重点、克服难点，努力实现关键性突破。

（一）推动"大众创业、万众创新"

推动"大众创业、万众创新"，是充分激发亿万群众智慧和创造力的重大措施，是创新发展的重要内容。让创新创业成为时代潮流，对稳定经济增长、实现充分就业、促进产业转型，都有极其重要的作用。一是全面鼓励创业。科研人员创业往往与创新紧密联系，鼓励科研人员创业，能够实现创业创新双推进。要认真落实高校、科研院所等专业技术人员离岗创业政策，贯彻好"促进科技成果转化法"及其配套细则，不断提高科研人员创业积极性。支持大学生创业，深入实施大学生创业引领计划，整合发展高校毕业生就业创业基金，让大学生愿创业、能创业、创成业。充分发挥留学回国人才特别是领军人才、高端人才的创业引领带动作用，吸引和鼓励境外人才来华创业。二是营造宽松的市场环境。继续削减行政审批事项，深化商事制度改革，为创业提供更多便利。创新监督管理理念，对创新创业中产生的新业态、新模式予以正确引导和积极扶持，以宽容态度对待新生事物。着力破除不合理的行业准入限制，建立市场准入等负面清单，让创新创业有更广阔的市场空间。三是加强创新创业公共服务。大力发展创新工场、车库咖啡等新型孵化器，做大做强众创空间。引导和鼓励各类创业孵化器和天使投资、创业投资、产业投资相结合，完善投融资模式。加快发展企业管理、财务咨询、市场营销、知识产权等第三方专业化服务。积极推广"互联网＋"

创业服务，建设一批小微企业创业创新基地，促进创业与创新、创业与就业、线上与线下相结合，降低全社会创业门槛和成本。

（二）深化科技体制改革

促进科技创新，首先要创新科技体制。上世纪三四十年代，我国贫穷落后且战乱频仍，但在一些研究领域特别是人文领域，却不乏大师级人物，也留下许多传世成果。现在，我们有了雄厚的科技创新物质基础，可以说要人有人、要钱有钱，却陷入了"钱学森之问"的困惑之中。究其根源，是科技管理体制存在问题。必须破除各种体制机制障碍，激发和调动人们的创新创造积极性。一是加快推动科技成果转化。扩大高校和科研院所自主权，砍掉科研管理的繁文缛节，释放科研人员的创新潜能。探索下放科技成果使用、处置和收益权改革，完善股权期权和分红奖励等办法。完善技术交易、中介评估等产权市场，促进科研人员双向流动，实现创新要素的优化组合，推动创新成果加快转化为现实生产力。二是强化企业创新主体地位和主导作用。健全技术创新的市场导向机制，促进企业真正成为技术创新决策、研发投入、科研组织和成果转化的主体。支持行业领军企业构建高水平研发机构，鼓励开展基础性前沿性创新研究，培育具有国际竞争力的创新型企业。完善知识产权保护制度，维护企业在技术创新、商业模式创新等方面的合法权益。落实企业研发费用加计扣除政策，完善高新技术企业、科技企业孵化器等税收优惠政策。三是打造资源共享"大平台"。目前，中央财政各类科技计划有100多项，分属近40个单位管理，碎片化问题突出。要深化中央财政科技计划管理体制改革，构建统一管理平台，建立以专家评审、专业机构和第三方评估为支柱的评价体系，有效管理各类科技计划，改变科技资源配置政出多门的格局。建立国家创新调查和科技报告制度，推动重大科研基础设施向社会开放，提高科研资源使用效率。四是加强创新人才培养。培养和造就一批创新领军人才，赋予他们更大的决策权，加快提升战略视野、把握科学前沿和领导重大创新活动的能力。加强青年人才的培养和储备，加大对青年人才科研创新的支持力度，建立完善有利于青年创新人才成长的竞争择优制度。深入推进教育体制改革，推动科技教育相结合，完善适应创新发展需要的人才培养模式。

（三）加大交流开放力度

在经济全球化和社会信息化大背景下，各国之间联系日益密切，科技创新的全球融合将是大势所趋。我们既要坚定不移地走自主创新道路，又要积极开展对外交流，努力用好国内国际两种创新资源。一是坚持以开放态度搞创新。科技创新具有很强的正外部性，必须走开放合作之路，防止"孤岛"现象发生。当今世界，从基础研究、应用研究到产业化的周期越来越短，相互之间的界限越来越模糊、融合也越来越深入。我国拥有完善的产业体系和配套能力，未来很可能出现"全球研发、中国制造、全球分销"的格局。加大开放力度，可以充分发挥我国的比较优势，在深度融入全球价值链中促进自身发展。二是积极融入全球创新网络。推进高等院校、科研机构建设海外科教基地和研发中心，开展紧密型、实质性科技合作。支持我国高技术产业和创新型企业走出去，积极打造中国标准和中国品牌。吸引国外企业在华设立各种形式的研发机构；根据产业升级需要，继续大力引进国外先进技术。三是积极开展国际人才交流。在努力培养国内创新型人才的同时，还应择天下英才而用之。继续推进人力资源市场对外开放，制定吸引全球人才的战略和政策，鼓励留学人员学成回国，探索一些重大科研项目和创新工程向外国机构和人才开放。鼓励企业到海外设立研发机构，就地利用国外人才资源。支持科研人员发起和参与国际重大科技活动，在国际重要科学组织中任职。深化政府间创新对话机制，搭建更多的创新合作平台，为科技人员提供更多交流机会。

（四）打造良好的创新环境

实施创新驱动发展战略，必须在全社会弘扬创新文化，厚植创新沃土，把亿万群众的创新创造活力更充分地激发出来、释放出来。一是进一步转变政府职能。加快政府职能从监督管理向创新服务转变，将简政放权、放管结合、优化服务与支持创新创业结合起来，用政府权力的"减法"换取创新创业的"乘法"。同时，监管和服务也要跟上，着力打造透明规范的行政服务体系，营造公平竞争的法治环境。二是引导形成积极健康的创新文化。完善科研诚信制度，加强学术规范建设，营造包容、奋发向上的创新氛围。建立以创新能力和创新贡献为导向的科技评价体系，更加重视科研成果的科学价值、创新性和对经济社会发展的实质贡献；避免频繁考核，保证科研人员的科研时间。弘扬奉献精神，引导科研人员树立"创新科技、服务国家、造福人民"的价值观。弘扬科学精神，克服浮躁和急功近利心态，提倡潜心研究、攻坚克难、追求真理的科学品质。三是营造良好的社会环境。推动形成全社会理解、包容、重视、支持创新的新局面。积极倡导尊重知识、尊重人才、尊重创新的社会风尚，营造崇尚创新的文化环境，让创新理念深入人心。